AF201799

Paul Baldauf

Abschied von Havanna

Erzählungen

www.tredition.de

Verlag & Druck: tredition GmbH, Halenreie 40-44, 22359 Hamburg

ISBN
Paperback 978-3-347-14158-2
Hardcover 978-3-347-14159-9
e-Book   978-3-347-14160-5

Inhalt

MEXIKANISCHES VERWIRRSPIEL

Kapitel 1

E s war an einem Tag im November.
Während ich mich, inmitten des historischen Zentrums von Santiago de Compostela, dem «Hotel Real» nähere, regnet es. Diana, die Rezeptionistin, begrüßt den neuen Gast, wirft einen Blick nach draußen und erklärt:

«Hier ist der Regen ein beinahe dauerhaftes Phänomen.»

Sie sollte recht behalten: Die ganze Woche hindurch sehe ich so viele mit Regenschirm ausgerüstete Menschen, dass mir scheint, beschirmt unterwegs zu sein, muss hier eine Art Volkssport sein. Das unverwechselbare Geräusch des Regens, der auf Gassen, Straßen und Plätze, auf windschiefe, graue Schieferdächer und prächtige Bauten niedergeht, begleitet mich, als ich mich zu späterer Stunde der Kathedrale annähere und in Gassen dem Gemurmel von Leuten lausche, die Restaurants und Cafés verlassen. Regen fällt und fällt und scheint sich mit dem Klang keltischer Musik zu vermischen, die in der Nähe von Souvenirläden zu hören ist. Die Fülle der ausgestellten Waren, Tücher, filigranen Fächer, des vielgestaltigen Kunsthandwerkes, erschwert die Auswahl. Da lugt auf einmal eine junge Frau hinter der Ladentheke hervor und fragt mit sanfter Stimme:

„Suchst du etwas Bestimmtes?"

Was für ein reizender Akzent, denke ich, während ich ihrem Tonfall, dem Klang ihrer sich daran anschließenden Worte lausche. Ob sie Mexikanerin ist?

Sie heiße Lorena, verrät sie und stamme aus der Stadt Zitácuaro in Michoacán. Ich bemühe mich vergeblich um geografisch stimmige Einordnung, sichere ihr jedoch zu, dass ich zurückkehren werde. Von dem Überangebot an Souvenirs leicht verwirrt, muss ich zunächst meine Gedanken sortieren.

Als ich am nächsten Tag durch das Labyrinth der Gassen streife, finde ich den Laden wieder.

„Hallo, Lorena!"

Sie schütttelt freundlich, aber bestimmt den Kopf.

„Ich bin nicht Lorena. Ich heiße Fabiola!"

Beliebt sie zu scherzen? Ich erinnere mich *genau*, sie heißt Lorena! Ich spreche dies im Brustton unerschütterlicher Überzeugung aus. Mein Gegenüber lächelt und schüttelt ihren von dunklem, langem Haar umrahmten Kopf.

„Nein, das ist mein Schwesterherz, Lorena! Ich bin Fabiola! Hat sie dir nicht von mir erzählt?"

Das ist unmöglich: Die gleiche Figur, Kleidung, Stimme, Form und Farbe der Haare und schließlich legt sie dieselbe liebenswürdige Art an den Tag. Ich will gerade protestieren, als sie ausruft:

„Wir sind Zwillinge!"

Ich werfe einen prüfenden Blick auf sie. Will sie ein Spiel mit mir treiben, mich in die Irre führen, sich auf meine Kosten lustig machen? Nach einer Weile beginne ich ihr zu glauben, scheint mir doch, sie spreche etwas schneller als die junge Frau, mit der ich zuerst sprach. Oder vielleicht *doch nicht*?

Wieder lässt sie ihre melodisch-zarte Stimme hören:

„Es ist ganz einfach: Meine Schwester arbeitet in dem Souvenirshop *da drüben*, dort, an der Straßenecke und *ich*, ich arbeite *hier*."

Sie begleitet mich einige Schritte und gibt mir noch einen Fingerzeig mit auf den Weg.

Morgen, so denke ich, nachdem ich mich – von wem nun? – verabschiedet habe, muss ich endlich noch einige Souvenirs kaufen.

Kapitel 2

Am folgenden Tag kann ich mich zu meiner Bestürzung kaum noch erinnern, wo die Gasse zu finden ist, in der Fabiola arbeitet. Warum habe ich mir den Straßennamen nicht notiert, die Lage im Stadtplan nicht markiert? Ich irre umher, biege hoffnungsvoll in Gassen ein und verlasse sie wieder enttäuscht, bis mir endlich ein Licht aufgeht: Da drüben, *das* muss es sein! Ich trete beschwingt in den Laden und rufe mit triumphierender Stimme:

„Hallo, Fabiola! Wie geht es dir?"

Sie schüttelt den Kopf und sagt:

„Ich heiße nicht Fabiola! Ich bin Lorena. Erinnerst du dich nicht an mich?"

Nun scheint es, als lege sich ein dezenter Schleier der Enttäuschung über ihr – Fabiolas? Lorenas? – Gesicht.

In mir steigt leichter Argwohn auf. Empfindet sie etwa Vergnügen dabei, mich an der Nase herumzuführen? Schnellere Sprechweise? Das läßt sich ohne weiteres künstlich herbeiführen. Die Kleidung, die Statur sind auf Anhieb nicht unterscheidbar.

Wer steht vor mir? Aber sie sprach doch von «zwei Läden». Halt mal…

Ich sehe mich rasch um, aber die Läden sehen sich alle ähnlich. Wer auch immer sie ist, sie macht ihre Rechnung ohne den Orientierungssinn eines potentiellen Kunden, der nun Einspruch erhebt.

„Das ist nicht möglich, du bist Fabiola! Gestern habe ich dir von meiner Heimatstadt erzählt. Erinnerst du dich nicht?!"

Ich lasse einige Sekunden verstreichen, wobei ich mir vorstelle, was für eine reumütig-verschämte Miene die überführte Fabiola beim Geständnis eines fehlgeschlagenen Streiches gleich aufsetzen wird.

„Hör mal", bringt sie auf einmal vor, „was kann *ich* dafür? Ich bin nicht Fabiola, sondern *Lorena*, mit der du zuerst gesprochen hast! Fabiola arbeitet heute gar nicht, und ihr Laden liegt weiter hinten, *dort*, an der Ecke, *schau!"*

Drei Tage vergehen, in denen ich immer noch nicht alle Souvenirs beisammen habe und in denen ich – mit wem? – weitere Gespräche führe.«

Und wenn sie tatsächlich Zwillinge sind? Aber selbst wenn es so ist, vielleicht gibt Lorena sich dann dennoch als Fabiola aus und Fabiola als Lorena?»

Die ungeklärte Frage löst beim Reisenden ein Gefühl aus, wie es jemand empfinden mag, der zu lange Karussell gefahren ist.

Am Tag vor der Abreise erinnere ich mich plötzlich an ein verräterisches Detail. Warum bin ich nicht gleich darauf gekommen? Lorena trägt Ohrringe!

Ein neuer Tag bricht an, und mich überkommt ein nostalgisches Gefühl. Bevor ich den Weg zum Bahnhof einschlage, will ich meine neuen Bekannten noch einmal besuchen. Ich betrete den Souvenirladen, der meinem Hotel näher liegt und begrüße Lorena:

„Hallo! Ich fahre heute nach Hause.“

„Wir schreiben dir!“

Ein Blick auf die Uhr, die Zeit drängt!

„Ich will mich noch von Fabiola verabschieden“ und schon öffne ich die Tür. Ich habe bereits einen Fuß auf die Schwelle gesetzt, als mich ihre Stimme erreicht.

„*Wie* bitte? Von F a b i o l a? Wie soll das gehen, wo *ich* doch Fabiola bin!"

Genug gescherzt, denke ich, der ich nun meine Beobachtungsgabe mit Hinweis auf die Ohrringe an den Tag lege. So ähnlich wird sich ein Kartenspieler fühlen, der auf einmal ein Ass hervorzaubert und es siegessicher auf den Tisch knallt.

„Ach, so! Manchmal zieht Lorena sie an, manchmal ich", gibt sie lächelnd zurück.

Tage danach: Wieder in Deutschland, trifft eine Nachricht bei mir ein, die mir spanisch vorkommt:

«Erinnerst du dich noch an uns? Meine Schwester und ich senden dir viele liebe Grüße! Mit Zuneigung, Lorena.»

Lorena? In der Erinnerung steht sie wieder vor mir, die junge Mexikanerin, die ich zuerst traf…Oder war sie vielleicht *doch* Fabiola?

ABSCHIED VON HAVANNA

Kapitel 1

Er schaute noch einmal hinaus auf das Meer und in die Ferne, zur Festungsanlage «Castillo del Morro» und dem aus ihr herausragenden Leuchtturm. Dann sah er dem Spiel der Wellen zu, wie sie langsam, aber unaufhaltsam heranrollten, sich an Felsen brachen, hell aufschäumten. Ein letztes Mal am «Malecón».

Noch blieb etwas Zeit. Er ließ seinen Blick über die Ufermauer aus Stein, die sich scheinbar endlos hinziehende Uferstraße wandern, die die Altstadt von Havanna mit dem Stadtteil Vedado verbindet.

Menschen, vermutlich Einheimische, saßen behaglich zurückgelehnt auf der Mauer, ließen die Beine baumeln und vermittelten, ins Gespräch vertieft, den Eindruck, als hätten sie alle Zeit der Welt. Ein Paar schlenderte vorbei und ließ mit kubanischem Akzent spanische Laute hören, während – in akustischer Reichweite – jemand die Seiten einer Gitarre zum Klingen brachte.

Langsam brach über Havanna Dunkelheit herein, der Abendhimmel veränderte sich zusehends. Nur noch wenige hellere Flächen waren am Himmel zu sehen, während dunklere Wolken sich in den Vordergrund schoben: Ein Spiel von Farben und Formen, auf seine Art nicht weniger imposant als das Spiel der Wellen.

Am Straßenrand stand ein Fahrrad-Taxi. Es dauerte nicht lange und ein hagerer Mann tauchte auf und bewegte sich auf sein Gefährt zu. Er nahm auf dem Fahrersitz Platz, trommelte mit den Fingern und hielt nach Kundschaft Ausschau, die sich nicht einstellen wollte.

In einem weiten, sich bis in die Ferne hinstreckenden Oval, erhellte Licht von zahlreichen, in kurzen Abständen hintereinander aufgereihten Straßenlampen Geh- und Fahrwege, Häuserfassaden und die ganze Szenerie. Alte Fahrzeuge fuhren vorbei, Scheinwerferlicht flammte auf, während ein dunkelhäutiger Sänger seine Stimme erschallen ließ und zum Mittelpunkt einer sich bald rhythmisch bewegenden Gruppe wurde.

Abschied von Havanna: Für wie lange, für immer? Nachher mit dem Taxi zurück in die in der Altstadt, in «Habana Vieja», gelegene «Casa Particular», der Inhaberin der Pension ein kleines Abschiedsgeschenk aushändigen und dann – wieder mit dem Taxi – zum Flughafen. Sicher, so dachte er, werde ich wieder viel zu früh dort sein. Aber, gar nicht auszudenken, wenn der Taxifahrer sich verspäten würde oder gar nicht käme. Nein, bloß nicht auf die letzte Minute, lieber in der Flughafenhalle länger warten, keine unnötige Aufregung.

Er erinnerte sich an Suramis, die so freundlich gewesen war, ihm vor der Anreise beim Buchen einer Pension zu helfen, an die Geschwister Maytee und Alejandro, mit denen er in der beliebten «Eisdiele Coppelia», an einem Tisch sitzend, ins Gespräch gekommen war, an erstaunlich große Portionen Eis und an vergnügte Gesichter dunkelhäutiger, Eis löffelnder Kinder am Nachbartisch.

Kapitel 2

Fünfzehn Tage in Havanna, Ausflüge in die nähere Umgebung, lagen hinter ihm und zogen nun – in einer bunten Abfolge von Szenen und Bildern – an seinem inneren Auge vorüber:

Der skeptisch-prüfende Blick einer Angestellten, mit dem sie – bei seiner Einreise – Angaben auf seiner Touristenkarte überprüfte, um ihn dann, mit einer die Richtung andeutenden Kopfbewegung wortlos durchzuwinken; herrlich entspannende kubanische Musik im Taxi auf der Fahrt nach Havanna; eine Schar von Schülerinnen, die in malerischen Schüleruniformen an einer Straßenecke auftauchten und auf einen Bus warteten; der Aufmarsch von Männern in traditioneller Soldatenuniform auf dem Gelände des Castillo del Morro, ohrenbetäubende Kanonenschüsse als krönender Abschluss einer Parade; Schlendern über den Vorplatz der Kathedrale an einem herrlich warmen Tag; Gottesdienst mit lebhaft-mitreißendem Gesang.

Ein erneuter Blick auf die Uhr – Zeit zu gehen.

In der Pension angekommen, standen Koffer und Umhängetasche bereits zwischen zwei großen Pflanzen im gefliesten Eingangsbereich. Die Tür zu seinem Zimmer stand offen. Es dauerte nicht lange und die Wirtin – mit einem Besen bewaffnet und einen Papierkorb in der anderen Hand – tauchte auf. Ihre Worte sprudelten nur so hervor. Dann wechselte sie zur Zeichensprache, um zum Abschluss mit einer Hand die Flugrichtung eines startenden Flugzeuges darzustellen.

Ein Jammer sei es, wie schnell die Zeit vergehe, schon heute Abend – madre mia! – würde ich wieder die Heimreise antreten, nicht wahr? Aber vielleicht käme ich ja wieder zurück? Für alle Fälle würde sie mir eine Visitenkarte mitgeben, man wisse ja nie. Sie hoffe doch sehr, es habe mir gefallen in Havanna und in ihrer bescheidenen Pension?

Sie stellte den Besen ab, stemmte einen kräftigen Arm in die Hüfte und rieb sich, scherzhaft Tränen andeutend, über ein Auge. Dies erlebe sie oft, sprach sie: Gäste kommen und gehen, aber wenn sie länger als nur zwei, drei Tage bleiben, so gewöhne man sich an sie und wenn sie dann wieder fahren…

Dann stellte sie auch den Papierkorb ab, trennte sich von ihrer Schürze und bat, der Gast möge doch bitte nochmals im Zimmer, auch im Schrank, nachsehen, ob er noch etwas einpacken müsse. In der Zwischenzeit bereite sie einen Pfefferminztee mit einem Schuß Rum zu.

Eine Viertelstunde später öffnete sie eine Zigarrenschachtel, das Abschiedsgeschenk, und strahlte über das breite Gesicht. Sie brach in lautes Gelächter aus: Das habe ich bestimmt gleich gesehen, dass sie sich ab und zu eine Zigarre anstecke, wie? Hahaha, das einzige «Laster», das sie habe, es beruhige sie einfach, aber natürlich, bei den Preisen, könne sie sich das auch nicht immer leisten, zum Glück arbeite eine Nichte von ihr in einer Zigarrenfabrik. Vielen, vielen Dank, muchas gracias, mijo! De verdad!

Die ältere Dame, eine Mulattin, die um ihre Stirn stets ein kunstvoll gefaltetes, weißes Tuch gebunden trug, wirkte gerührt. Ihr Gast – seine sieben Sachen in Türnähe aufgetürmt – wollte gerade das Stichwort TAXI fallen lassen, als sie ihm zuvor kam. Sie beförderte die Teetassen auf ein Silbertablett und meinte:

„Ach, übrigens, der Nachbar kommt in fünf Minuten!"

Dabei deutete sie auf das Gepäck.

„Der Nachbar?"

„Sí!"

Sie legte eine kleine Denkpause ein und fügte hinzu:

„Ja, der Nachbar von Gegenüber, ein freundlicher Mann. Er fährt dich zum Flughafen."

„Ist er Taxifahrer?"

Sie zögerte.

„Nein, nicht direkt, das heißt: Ja, irgendwo schon."

Sie lachte und wiegelte mit einer, fächerartig hin- und herschwingenden Handbewegung ab. Dann trat sie mit Verschwörermiene näher und sprach leise:

„Nicht offiziell. Er bringt auf seinem alten Schlitten natürlich kein Schild TAXI an! Das wäre ja auch verboten. Aber" – und hier kam sie einem möglichen Einwand zuvor – „keine Sorge! In der Dunkelheit, bis zum Flughafen ist es nicht sehr weit und er fährt zügig. Kein

Problem, mein Sohn! No es problema, mijo! Und *außerdem*, du wirst verstehen: Die Einkommen sind hier nicht hoch. Wenn du ihm ein Trinkgeld gibst. Er kann es genauso brauchen, wie die offiziell registrierten Taxifahrer. Verstehst du? Entiendes?"

Sie wartete ab, ob sich auf der Miene ihres Gastes eine Veränderung abzeichne, die auf Verständnis schließen lasse.

„Also: Gib ihm das Geld am besten vorher, nur für alle Fälle. Und dann beim Aussteigen: Ruck, zuck, du verstehst?"

„Aber"

Sie tat als habe sie nichts gehört und zeigte zur Wanduhr:

„Oh, jetzt wird es aber Zeit, buen viaje, mijo! Gute Reise, mein Sohn! Ich glaube, da kommt er schon. Warte, ich helfe dir mit dem Gepäck. Vielleicht kommst du ja nächstes Jahr wieder. *Mein* Haus ist *dein* Haus, meine Adresse hast du ja."

Kapitel 3

Der Nachbar – sportliche Figur, Schnauzer, ausdruckslose Miene, die Ärmel hochgekrempelt – nickte kurz als Begrüßung. Dann schnappte er sich, mit kräftig zupackenden Händen, die Gepäckstücke, sah sich verstohlen um, öffnete den Kofferraum und ließ alles verschwinden. Ein hastiger Gruß an die Pensionsbesitzerin – „nos vemos!" – und schon gab er, mit Nachdruck, das Signal zum Einsteigen.

Als der Wagen die ersten Meter zurücklegte, kramte der Abreisende 10 Euro hervor und steckte sie dem Fahrer zu. Dieser quittierte dies mit einem sich rasch aufhellenden Prüferblick, murmelte „gracias" und ließ den Schein in einer kleinen Schublade verschwinden.

„Zum Flughafen, nicht wahr?"

Ja, wäre sinnvoll, dachte der Reisende. Aber es gab wahrlich keinen Grund zur Aufregung. Noch über drei Stunden bis zum Abflug. Da wäre selbst eine kleine Reifenpanne vermutlich nicht tragisch.

„Sí,sí, al aeropuerto."

Der Fahrer, um dessen Hals eine Kette baumelte, blickte erst in den Rückspiegel, danach nach der anderen Seite, aus dem Fenster. Dann drückte er auf das Gaspedal und überholte ein Auto. Sein Blick, wie ein Scheibenwischer, wechselte die Seiten.

„Du kommst aus Deutschland?"

Er registrierte ein Kopfnicken und wechselte auf einmal die Tonart. Seine Stimme wurde überraschend laut und klang heftig.

„Reisen, bis zu uns, in die Karibik! REISEN. Davon können *wir* nur träumen! Für *uns* ist das, wie sagt man: Science Fiction! Nicht, dass wir euch das nicht gönnen, verstehe mich richtig: Aber *wir*, wir sitzen hier fest, können *nirgendswo* hin! Wir sitzen hier auf der Insel, wie in einem riesigen Freiluft…Nun, lassen wir das besser, führt zu nichts."

Frustration und Wut schienen sich in seinem Gesicht zu spiegeln. Sein Mitfahrer suchte vergeblich nach passenden Worten. Der Fahrer schlug mit einer Hand mit Wucht gegen das Lenkrad, während er sich zugleich nach allen Seiten umsah. Es schien, als habe er nochmals das Tempo beschleunigt. Er überholte erneut ein Auto, leichter Regen fiel.

„Wenn ich ein großer Sportler wäre, könnte ich auch mal weg: Internationale Wettkämpfe, Meisterschaften, Olympia und so weiter, verstehst du? Aber ich bin Mechaniker: *Wohin* und wozu sollte die Regierung *mich* exportieren?"

Er lachte sarkastisch und stellte den Scheibenwischer ein.

„Wie lange fliegst du?"

„Hm, weiß nicht genau, so 8 bis 10 Stunden? Je nach Rückenwind."

Er nahm eine Hand vom Steuer und zwirbelte seinen Schnurrbart.

„Wenn du ankommst, liege ich im Bett."

Er lachte, aber es klang nicht sehr überzeugend.

„Nachher müssen wir uns beeilen, bin dann gleich weg. Zum Glück verstehst du Spanisch. Früher habe ich mal einen Schweden zum Flughafen gefahren. Er verstand kein Wort Spanisch und hätte mich mit seiner Umstandskrämerei beim Aussteigen fast noch in Schwierigkeiten gebracht. Ich transportiere dich ja sozusagen *inoffiziell*: Ich hoffe, meine Nachbarin hat dir erklärt, was das bedeutet?"

Seine Stirn war in Falten gelegt. Sein Mitfahrer nickte, das Gelände des Flughafens kam langsam in Sichtweite.

Kaum hielt der Wagen an, stieg der Fahrer aus und holte die Gepäckstücke so schnell wie möglich aus dem Kofferraum.

„So, hier hast du alles, muss jetzt schnell los, buen viaje, gute Reise!"

Er sah sich hastig um, ein fester Händedruck und schon stieg er wieder ein.

Der Reisende ergriff seine Gepäckstücke und bemerkte, dass der Regen stärker wurde. Er hätte schon etwas näher an den Eingang heranfahren können, dachte er unter Kopfschütteln und machte sich mit seinem schweren Gepäck auf den Weg.

In der Eingangshalle angekommen, sah er sich nach allen Seiten um. *Wohin* jetzt? Er kramte sein Flugticket hervor und überprüfte die Angaben. Vermutlich muss ich erst einmal die Flughafensteuer bezahlen. Doch, *wo*? Er verstaute das Flugticket sorgsam, blieb erst einmal stehen und sah sich in aller Ruhe um.

Als er sich gerade wieder in Bewegung setzen wollte, sah er, wie sich, am anderen Ende der Halle, zwei Männer langsam, aber zielsicher, auf ihn zubewegten. Er erkannte bestürzt, dass sie Polizeiuniform trugen. In Sekunden fuhr dem Reisenden ein Trommelfeuer von Gedanken durch den Kopf:

Sicher haben sie uns gesehen, ihn erwischt, Leugnen wird nicht helfen, macht alles vielleicht eher noch schlimmer, was tun? Gleich reagieren, Zögern wirkt bestimmt verdächtig. Angriff ist die besten Verteidigung, seid klug wie die Schlangen, mich naiv stellen?

Kapitel 4

Der schlankere und größere der beiden Polizisten übernahm die Führung. Er setzte eine lässig-überlegene Miene auf, zückte ein Foto und hielt es seinem Gegenüber vor Augen: Kopfform, Gesichtsausdruck, Frisur, Schnauzbart, unverkennbar: Der Nachbar. Der Polizist sprach mit starkem, kubanischen Akzent:

„Kennst du diesen Mann?"

Dabei legte er einen Unterton in seine Frage, der keinen Zweifel darüber aufkommen ließ, wie die Antwort auszufallen habe. Im Türausschnitt am Eingang, einen Steinwurf entfernt, tauchte ein weiterer Polizist auf und – für kurze Zeit – war daneben der Fahrer zu sehen. Sie haben ihn also gleich angehalten, nachdem er wieder losgefahren ist…

Der Reisende versuchte, sich seine Bestürzung nicht anmerken zu lassen, tat vielmehr erfreut:

„Ja, aber natürlich! Das ist doch der nette Nachbar, der gegenüber von meiner Pension wohnt. Ein freundlicher Mann!"

Der Polizist gab das Foto seinem Kollegen.

„Und *woher* kennst du ihn?"

„Ich habe hier in Havanna über zwei Wochen in einer Pension verbracht. Da ich mein Spanisch verbessern will, habe ich möglichst viel mit den Leuten geredet. So kam ich einmal auch mit dem Nachbarn ins Gespräch. Wie *freundlich* und *hilfsbereit* die Leute hier sind! *Schade*, dass die zwei Wochen schon wieder vorbei sind!"

Nun schien es, als habe der Polizist sich über diesen Kommentar gefreut, als erfülle ihn, als Vertreter einer offiziell oft als *groß* und *heroisch* bezeichneten Nation, berechtigter Stolz.

„Als es jetzt an die Rückreise ging, da dachte ich mir: Bestimmt nicht so einfach, hier ein Taxi zu rufen, ich meine: Es klingt ja interessant, wie die Menschen hier sprechen, aber der Akzent ist manchmal schon stark. Ich habe noch nicht viel Übung im Hörverständnis-Training und wenn sie dann schnell sprechen… Ich dachte, es ist einfacher, wenn mich jemand fährt, den ich schon kenne. Ich war ja zum ersten Mal in Kuba."

„Verstehe", kommentierte der Polizist trocken und fügte nach einem Blick auf die große Wanduhr, hinzu:

„Wann geht dein Flug?"

Ein Blick auf das hervorgezogene Flugticket und der Polizist gab mit einer Hand die Richtung vor.
Nach unten? dachte der Reisende, was soll das?!, wohin? Ihn überkam ein beklemmendes Gefühl.

Er packte seine schweren Gepäckstücke und trottete erst dem einen, dann auch dem anderen Polizisten hinterher. Der wortführende Polizist steuerte eine nach unten führende Treppe an. Unten angekommen, ging es durch einen Gang und ein paar Türen, bald nach rechts, dann nach links, bis sich die Tür eines Polizei-Containers hinter ihnen schloss. Ein Fingerzeig:
„Setz dich!"

Der Reisende sah sich auf den wenigen Quadratmetern bestürzt um, wobei er sich in Gedanken die geplante Abflugzeit seines Fluges nach Frankfurt vorsagte. Der stämmigere Polizist machte es sich auf einem

Stuhl in der Ecke bequem und begann, einen Computer mit Daten zu füttern. Vermutlich Name und Anschrift des Fahrers, mutmaßte der Reisende. Der andere Polizist, nahm auf dem zweiten Stuhl Platz und ließ als Einleitung ein langgezogenes „vamos a ver" hören, mit dem er anzudeuten schien, dass er nun seine Gedanken sortiere und methodisch vorgehen werde.

„Also, du bist zum ersten Mal in Kuba, sagst du? Aber Spanisch verstehst du, scheint mir, ganz gut."

Zeichnete sich eben eine an Misstrauen grenzende Skepsis auf dem Gesicht des drahtigen Polizisten ab, oder täuschte der Eindruck, war er der Aufregung einer Ausnahmesituation geschuldet? Wie sollte er nun reagieren? Am besten gleich, sonst schöpft er vielleicht noch Verdacht.

„Ja, zum ersten Mal in Kuba! *Endlich* war es mir möglich. Danke für das Kompliment! Aber – was Spanisch betrifft – fehlt mir noch viel. Und die Kubaner reden so schnell und mit einem ganz anderen Akzent als unsere Lehrerin an der Volkshochschule!"

Der stämmige Polizist unterbrach seine Tipparbeit und brach in Gelächter aus.

„El acento cubaaano, sí, sí", gab er, mit starken Nasallauten, von sich. Dann ergänzte er und wirkte dabei durchaus stolz:

„Ja, es stimmt, wir sprechen ganz schön schnell! Muuuy rápido!"

Dabei rollte er das r und zog das Wort gebührend in die Länge. Sein Kollege hakte nach:

„Wir sind für unseren Akzent berüchtigt!" Dabei linste er sein Gegenüber aus den Augenwinkeln an und schaute durchaus kritisch. War dies eine kleine Falle? Wollte er dem Verhörten nun einen Kommentar entlocken, den man als *negativ* auslegen konnte? Doch seine Gesichtszüge entspannten sich:

„Also, du hast diesen Nachbarn kennengelernt und er hat dir – reden wir offen, ein klares Wort unter Männern, caramba! – die Fahrt mit dem Taxi angeboten! Wieviel hat er dir dafür abgeknöpft, he?!"

Der stämmige Polizist nahm wieder Tipp-Haltung an und lauschte.

„Nein, nein – so war es nicht. Der Nachbar ist echt nett! Ich war überhaupt beeindruckt: Man kommt mit vielen Leuten so leicht ins Gespräch und die meisten sind hilfsbereit. Es war das erste, aber sicher nicht das letzte Mal, dass ich hier in Havanna und in Kuba war! Ich kann es kaum noch erwarten, wiederzukommen!"

Nun gab der Polizist in der Ecke Laute vor sich, die der Reisende nicht verstand, aber der wohlwollend klingenden Sprechmelodie wegen, als «Hört, hört!» interpretierte.

„Also, es war so, dass er bereit war, mich zu fahren und"

Der stämmige Polizist lachte:

„*Das* glaube ich sofort, dass er bereit war."

„Er hat mich überhaupt nicht um Geld gebeten, das war *meine* Idee. Ich habe es ihm zugesteckt und darauf bestanden, dass er es nimmt! Das gehört sich so! Bei uns ist dies zumindest so üblich."

Der den Ton angebende Polizist zog die Stirn in die Höhe, kniff ein Auge zu und öffnete es wieder. Dann wandte er sich an seinen Kollegen in Tipp-Bereitschaft und ließ einen wahren Sturzbach an Worten auf ihn los.

Sein Kollege hörte genau zu und quittierte die Informationen mit einem Kopfnicken. Dann legte er los und fütterte seinen Computer mit neuen Daten. Der Interviewer legte die Miene eines in langen Dienstjahren erfahrenen Polizisten an den Tag, dem man so schnell nichts vormachen kann. Dann schnitt er einen resoluten Tonfall an.

„Vamos a ver: Du willst ihm also das Geld *freiwillig* zugesteckt haben?"

„Ja, sicher – er hat mit keiner Silbe Geld erwähnt!"

Er blickte zu seinem Kollegen:
„Seltsam, deckt sich mit den Angaben des Fahrers. Kurios, nicht wahr? Nun denn, auf jeden Fall: Illegal ist illegal!"

Der zweite Polizist ließ sich den Reisepass des Touristen aushändigen, tippte einige Daten ab, wobei er mit einer Gestik, die beruhigend wirken sollte: „Reine Formalität!" von sich gab. Dann schob er den Pass, mit Schwung, wieder zurück.

„Also: Der Fahrer hat das Geld, das du ihm spontan gegeben hast, angenommen. Wie sollte er da auch ablehnen, wäre ja unhöflich, ha-ha-ha!"

„Ich habe darauf bestanden. Wir Deutsche sind da peinlich genau!"

„Ach, ja? Interessant, war noch nie in Deutschland. Und dir gefällt es hier, gefällt dir die Musik, hast du mal getanzt?"

Der als Sekretär fungierende Polizist unterbrach seine, vermutlich etwas trockene Arbeit und horchte auf.

„Ja, die Musik gefällt mir! Aber *Tanzen*? Das können wir Deutsche gar nicht. Ich meine, kein Vergleich mit Kubanern! Dafür sind wir von Natur aus viel zu ungelenkig!"

Die Verhör-Atmosphäre veränderte sich spürbar, die Polizisten ließen, überraschend unbekümmert, ihrer Heiterkeit freien Lauf.

„Ach, ja? Da müssen wir mal nach Deutschland kommen, um zu sehen, wie schlecht ihr tanzt, ha-ha-ha!"

Er machte eine Kopfbewegung nach rechts.

„*Er* hier, hat eine Schwester, sie ist Tanzlehrerin. Sie kann es dir beibringen!"

Der Stämmige ließ eine Lachsalve hören und bestätigte.

„Ja, sie unterrichtet verschiedene Tänze. Ich gebe dir nachher die Adresse. Sie ist übrigens noch unverheiratet!"

Nun entspannte sich auch der schlankere Polizist. Seine Augen verengten sich zu Schlitzen, als er kicherte und dabei mit beiden Händen auf die Armlehnen klopfte.

„Das würde dir gefallen, wie? Erst mit einer Kubanerin tanzen und sie *dann* auch noch heiraten. Dann kannst du dir ein Lebenlang den starken kubanischen Akzent anhören. Nach ein paar Jahren sprichst du so schnell wie wir."

Nun nahm er wieder das Gebaren einer resoluten Amtsperson an und fasste seinen Kollegen in der Ecke ins Auge:

„Hast du soweit alles eingegeben?"

Der Reisende wagte sich hervor:

„Ich hoffe, er hat festgehalten, was ich vorher sagte: Das Geld war *meine* Idee! *Ich* habe es ihm gegeben, ihn *genötigt*, es zu nehmen: Der Nachbar hat *nichts* von mir verlangt."

Aus der Ecke hörte man:

„Sí, sí, t r a n q u i l o! – habe ich *so* erfasst, keine Sorge, relajate, hombre!"

Dann murmelte er seinem Kollegen zu:

„Natürlich hat er darauf – zumindest – spekuliert. Andererseits: Wenn dieser Deutsche es ihm reingedrückt hat. Vielleicht kommt der Nachbar ja mit einem blauen Auge davon."

Der andere Polizist erhob sich:

„Wann geht dein Flug? Ich glaube, du solltest jetzt gehen."

Aus der Ecke hörte man Gekicher:

„Wenn du nächstes Mal kommst, stelle ich dir meine Schwester vor!"

Sein Kollege fuhr eine Hand aus:

„Guten Flug!"

„Ich komme bestimmt wieder nach Kuba."

„So gehört sich das. Touristen sind hier immer willkommen!"

„Kann ich noch etwas für den Fahrer tun?"

Er schüttelte den Kopf, näselte „no te preocupes" und gab schließlich mit einer Handbewegung die Richtung zum Ausgang vor.

Einige Stunden waren vergangen, als der Reisende aus dem Flugzeugfenster in die Tiefe blickte: Dunkelheit, Lichter, Gebäude, Havanna...

„Hier spricht der Flugkapitän: Wir haben heute starken Rückenwind, so dass sich unsere Flugzeit – erfreulicherweise – deutlich reduzieren wird. Wir werden in etwa 8 Stunden unser Reiseziel erreichen und wünschen einen angenehmen Flug."

Aus einigen Sitzreihen hörte man ein Raunen, das auf Erleichterung schließ.

Wie wird es dem Nachbarn nun gehen, wird er jetzt verhört, kommt er glimpflich davon – oder doch nicht? Muss er von seinem verschwindend geringen Lohn noch ein saftiges Bußgeld zahlen?

„Wir haben jetzt eine Flughöhe von..."

«REISEN...Davon können wir nur träumen! Aber wir, wir sitzen hier fest, können nirgendwo hin!»

„In Frankfurt haben wir voraussichtlich eine Temperatur von…Angenehmen Flug!"

«Aber wir, wir können nirgendwo hin…»

PASTA ODER ADENAUER?

Kapitel 1

Wir waren zu zweit aufgebrochen: Andreas und ich, voller Enthusiasmus für *Bella Italia*, ein Land, das wir bisher nur aus Büchern, von Bildern und aus Filmen von *Fellini* kannten, das wir jedoch, koste es was es wolle, auf eigene Faust erkunden wollten.

Nun möchte ich nicht alle Abenteuer unterwegs erzählen, nicht die von uns besuchten Dörfer und Städte gleichsam an einer Perlenkette aufreihen, sondern nur zu jenem Sommerabend zurückkehren, an dem wir – den Rucksack auf dem Rücken – völlig abgebrannt in der Hoffnung am Straßenrand standen, irgendein Italiener würde Erbarmen zeigen und uns in seinem Auto mitnehmen.

Es war in unserer Situation nicht angezeigt, sich Illusionen hinzugeben, es gab keinen leichten Ausweg: So wie es aussah, mussten wir vielleicht bald wieder nach Deutschland zurückkehren. Das Ergebnis der misslungenen Kalkulation unserer kargen Finanzmittel sprach eine deutliche Sprache. Wir wussten nicht mehr, wie wir überhaupt noch vorankommen sollten. Die Nacht zuvor hatten wir im Freien verbracht, und *was* – um Himmels Willen – sollten wir heute Abend essen? Was nützt dir, so dachten wir, das schönste *Bel Paese*, wenn dein Magen knurrt wie ein Wolf?

Ich gab Andreas ein Zeichen. In der Tat schienen unsere Chancen zu steigen, wenn er sich etwas näher an den Straßenrand postierte. Auch dieses Mal war es nicht anders. Den Grund hierfür vermochte ich nicht auszumachen. Lag es vielleicht an seiner untadeligen Frisur, die ihm – im Verein mit einem angeborenen Sinn für Artigkeit – das Aussehen eines Musterschülers verlieh? Wie auch immer. Die Hauptsache war, dass überhaupt jemand anhielt.

Wir waren kaum eingestiegen, als ein Autofahrer des Typs – «Ich fahre schon einen tollen Schlitten, he?» – mit dröhnender Stimme das Wort an uns richtete:

„Ihr kommt aus Deutschland, he?! Sieht man sofort! Schön, unser Italien, nicht wahr?

I T A L I A! B E L L A? Ein fantastisches Land, stimmt's?"

Sein Gelächter nahm so schnell kein Ende, wie er auch ganz von Genugtuung darüber erfüllt zu sein schien, dem so gesegneten italienischen Volk anzugehören.

Andreas, der mit Mühe und Not einige italienische Wörter und Schmalspur-Redewendungen beherrschte, zeigte, wie von mir erwartet, ein Lächeln, als Zeichen seiner guten Erziehung und Zustimmung.

Wie diszipliniert er ist, dachte ich. Während ich längst nur noch an ESSEN denken konnte, saß er ruhig da, völlig konzentriert und bemühte sich sogar noch, mit dem Fahrer in einen Dialog einzutreten. Er ließ nicht erkennen, dass er bald am Ende seiner Kräfte war.

„Dein Freund ist etwas müde, eh?" fragte der Fahrer lautstark und zeigte in meine Richtung.

„Er hat Hunger", wagte sich Andreas, zu meiner Überraschung hervor, nachdem er zuvor im Wörterbuch nachgeschlagen hatte. Mir schien, dass – nachdem nun das magische Wort ausgesprochen war – auch er unzweideutige Anzeichen furchtbaren Hungers von sich gab, wie wenn das Wort ihm eine Maske vom Gesicht gerissen hätte.

„Aber das ist doch *überhaupt kein* Problem!" rief der Fahrer aus allen Kräften, „warum habt ihr mir das nicht gleich gesagt?! Darum kümmere ICH mich!"

Er brach in tosendes Gelächter aus.

„*Was* hat er gesagt?", flüsterte ich Andreas zu, der in seinem Wörterbuch herumstocherte. Aber der Fahrer war noch nicht fertig:

„Heute Abend seid ihr e i n g e l a d e n! Zum *Essen* eingeladen! Mangiare!"

Er begleitete diese Zusage mit unmissverständlicher Gestik. Ich schloß die Augen, murmelte in Gedanken das Wort ESSEN und dankte dem Himmel. Völlig schlapp vor Hunger (in der Tat hatten wir in den letzten Tagen, unfreiwillig, weitgehend gefastet), konnte ich die angekündigte Stunde kaum noch erwarten.

Auch Andreas schien auf einmal kaum noch ein Dialog zu gelingen. Er sah stur geradeaus vor sich hin, auf eine Art, die schon ein wenig seltsam war. Eine Viertelstunde später hielt der Fahrer plötzlich an, indem er ein nahezu rabiates Bremsmanöver vollzog.

„Wir sind da!"

Er bog scharf nach rechts und hielt in Nähe eines Feldes. In der Ferne sah man eine Stadt. Kaum war ich ausgestiegen, als ich bemerkte, dass ich merkwürdig unsicher auf den Beinen stand. Sicher hatte hierzu auch die unbequeme, stundenlange Sitzhaltung beigetragen. Der Fahrer schritt forsch voran:

„Avanti! Voran! Heute Abend steigt in Bologna ein großes Fest! NATURALMENTE SIETE INVITATI! I N V I T A T I! Ihr seid eingeladen!"

Andreas kramte sein Wörterbuch hervor, schlug brav nach und bewährte und sich als Dolmetscher.

Kapitel 2

ls wir *endlich* angekommen waren, sahen wir eine größere Ansammlung von Menschen, die auf Bänken kauerte, in Gruppen zusammenstand, sich um Stände drängte. Aus einiger Entfernung hörte man Jazz, Live-Musik, und um uns herrschte ein ständiges Kommen und Gehen.

Was für ein Fest ist *das* denn? dachte ich. Der Fahrer – als habe er meine Gedanken gelesen – legte mir herzlich seinen rechten, schweren Arm auf die Schulter.

„Ein großes Fest! Ein Fest der Kommunistischen Partei!"

Die letzten beiden Worte hatte er in etwa ausgesprochen wie ein Feinschmecker, der «Valpolicella Classico Superiore» ausspricht. Nun schlug er Andreas krachend auf die Schulter und teilte uns zugleich seinen Namen mit:

„Ich bin Massimo! M A S S I M O!"

„Angenehm", erwiderte Andreas, etwas kleinlaut. Mir fiel auf, dass er blass aussah. Um seine Reaktion besser zu verstehen, muss man wissen, dass Andreas Mitglied eines CDU-Jugendverbandes und – nach einer alten Familientradition – ein Verehrer Konrad Adenauers war, jenes Kanzlers also, der in Kommunisten vermutlich Vertreter des Reiches des Bösen sah.

Das Fleisch ist, wie man weiß, schwach: Ein Tisch war noch frei. Massimo lud uns freundlich ein, Platz zu nehmen.

„Was möchtet ihr essen? PASTA, eh?!"

Wir dankten und gaben ihm durch ein Zeichen zu verstehen, dass wir – ja, er hatte ins Schwarze getroffen! – zu gerne Pasta, Nudeln, essen würden.

Es dauerte kaum zwei Minuten und ein Mann, den Massimo uns als Alessandro vorstellte, servierte uns zwei Teller voll Lasagne und eine Karaffe voller Weißwein.

„Haut rein, Jungs, haut rein! Es zahlt die Kommunistische Partei! Keine Sorge, ich komme gleich wieder."

Massimo entfernte sich. Andreas erklärte mir noch einmal, nicht ohne den Ausdruck eines gewissen Schauderns im Gesicht, dass uns das Abendessen *von der Kommunistischen Partei* spendiert wurde.

Ich füllte meinen Teller prallvoll und gab kaum auf seine Worte acht, vielmehr verschlang ich alles in Eile. Andreas folgte meinem Beispiel, während ich mir bereits ein Glas mit Wein füllte. Das war, als Auftakt, nicht schlecht, dachte ich, während ich immer noch hungrig war.

Wie es aussah, kannte Massimo sehr viele Leute. Nach einer halben Stunde wurden wir bereits aus allen Himmelsrichtungen begrüßt.

„Noch einen Teller Pasta für unsere jugendlichen Gäste aus Deutschland!" befahl ein Herr mit Schnurrbart, der resolut und zugleich scherzhaft hinzufügte:

„Geht auf meine Rechnung!"

Zumindest ergab sich dies aus der Übersetzung, die Andreas mittels Wörterbuch improvisierte. Sogleich eiferte dem spendablen Schnurrbartträger jemand nach und brachte uns erneut eine Karaffe Wein.

„Esst und trinkt, junge Männer, es zahlt die Kommunistische Partei!", rief Massimo lachend aus, der auf einmal wieder aufgetaucht war und sich sogleich wieder entfernte.

„Hast du das gehört: *Die Partei* zahlt", flüsterte ich Andreas boshaft zu. Dieser schien zu erschrecken, stürzte sich dann jedoch wieder auf die Pasta. Eine Weile aßen wir schnell und ohne ein Wort zu reden. Kaum war die Schüssel geleert, als uns ein Herr am Nebentisch voller Wohlwollen ansah. Dann setzte er auf einmal eine nahezu wehleidige Miene auf, die auf starkes Mitgefühl schließen ließ:

„Aber diese jungen Männer aus Deutschland haben ja gar nichts zu essen! *Was* für eine Schande!"

Er wies seinen Sohn an, uns *endlich* eine Schüssel Pasta zu bringen. Überdies, so fügte er hinzu, natürlich auch eine Karaffe Wein!

Wir dankten und fühlten uns, als hätten wir eben erst gefrühstückt. Ah, wie gut tut der Wein, dachte ich, während ich mir noch ein Glas aus der eben angekommenen Karaffe einschenkte. Doch vergaß ich darüber nicht meinen Freund Andreas, sondern füllte ihm das Glas.

„Du musst auch trinken, essen allein ist ungesund!"

Andreas goß ein Glas Wein hinunter und widmete sich wieder der Pasta, wobei er ab und zu still vor sich hin lachte. Dies war durchaus ungewohnt und wunderte mich.

„Sie geben euch überhaupt nichts zu essen, he?!" fragte uns ein robuster Herr, der nähertrat und mit einer Grimasse unverhohlen zu erkennen gab, dass dies *nicht* in seinem Sinne war.

„Roberto! Hierher! Bring diesen jungen Männern doch zumindest zwei Teller Pasta – und Wein, natürlich!"

Um uns zu beruhigen fügte er noch hinzu:

„Es zahlt die Partei!"

Was für eine schöne Karaffe dachte ich, als ich sah, wie sich das Licht der langsam untergehenden Sonne darin spiegelte.

„Cin, Cin!"

Andreas hielt sein Glas erhoben.

Was für eine Veränderung ist mit ihm vorgegangen, ging es mir durch den Sinn. Er, der vor einigen Stunden noch wie ein Musterschüler oder Pfadfinder aussah, immer höflich und aufmerksam, mit tadelloser Frisur und besten Manieren, wie präsentierte er sich *nun*: Einige Tropfen Wein liefen ihm über die Mundwinkel, auf einer Wange machte ich Reste von Tomatensoße aus. Er war auch nicht mehr blass, vielmehr von lebhafter Gesichtsfarbe, stützte seine Ellenbogen rustikal auf den Tisch und goss Wein nach. Ja, manchmal prustete er regelrecht und lachte motivlos. In diesem Moment tauchte Massimo, wie eine Erscheinung, erneut auf:

„Ciao, meine Jungen! Wenn ihr schon nichts esst, müsst ihr zumindest etwas trinken, eh?!" und wieder brach er in sein fast schon legendäres Gelächter aus.

„Eine Karaffe Wein für unsere deutschen Gäste!" und – indem er sich an einen Freund am Tisch links wandte – „Ich weiß nicht – vielleicht isst man in Deutschland nicht so gerne Pasta."

Dann wandte er sich erneut an uns:

„Also, bitte, ihr müsst nicht zu bescheiden sein!"

Andreas, der unermüdliche Vokabelsucher, kramte sein Wörterbuch hervor und übersetzte mir alles, was er verstanden hatte. Massimo setzte sich zu uns – „haut rein! Es zahlt die Partei!" – und wir genossen einen unvergesslichen Abend.

KOMM SCHON, FRANCESCO

Kapitel 1

Es war, vor vielen Jahren, an einem kalten Tag im Januar, an dem man sich fragt: Wie, um Himmels Willen, bist du nur auf die Idee gekommen, zu dieser Jahreszeit einen Italienisch-Kurs in Rom zu buchen?

Maurizio, ein intellektuell wirkender junger Mann, den ich unweit der Schule Leonardo da Vinci in einer Kneipe traf, führte mich durch die Stadt, zog mit mir durch Straßen und Gassen von Rom und erzählte mir, voller Enthusiasmus, historische Anekdoten mit starkem römischem Akzent. Ab und zu hielt er an, unterbrach seinen Diskurs und begann, mit nahezu theatralischer Gestik, ein neues Kapitel:

„Nun, da wir hier sind, fällt mir gerade ein…"

Nach fünf Stunden konnte ich nicht mehr.

„Maurizio, ich bin dir wirklich dankbar, aber bei *dieser* Kälte…Du hast mir so interessante Geschichten erzählt, aber ich muss das erst alles verdauen, bevor wir weitermachen. Sollen wir nicht eine kleine Pause einlegen?"

Maurizio verfiel in tiefes Schweigen. Sollte er villeicht pikiert sein? Doch meine Befürchtung war unbegründet. Nach einiger Zeit erhellte sich seine Miene:

„Mir kam eine sehr gute Idee! Du wirst sehen."

Er gab mir ein Zeichen, ihm zu folgen.

Wir nahmen die Metro, stiegen dann in einen überfüllten Bus ein, um schließlich, nach einem kleinen Fußmarsch, in einer kleinen, etwas abseits gelegenen Straße zu landen.

„Hier sind wir!", rief er strahlend aus, ging zügig zum Eingang weiter und zahlte Eintritt für uns beide. Ich bewunderte seine Energie, doch fragte ich mich: *Wo* sind wir?

„Du magst doch Dampfbäder, oder?"

Auf einmal veränderte sich seine Miene, er schlug sich mit einer Handfläche an die Stirn:

„Verflixt! Das habe ich jetzt *total* vergessen. Wie konnte ich nur?! Du, ich muss los, tut mir leid! Sie warten auf mich zu Hause. Mein

Großvater hat Geburtstag. Vielleicht besser so. Verdaue erst einmal in Ruhe die Geschichten, die ich dir erzählt habe. Entspanne dich. Wir sehen uns, ciao, ciao!"

Er verließ mich in Eile.

Kapitel 2

Noch überrascht, versuchte ich erst einmal mich zurechtzufinden. Ein Mann trat ein, ich folgte seinen Schritten, bis ich mich in einem Bad wiederfand, das – auf fast schon beängstigende Weise – von Dampf erfüllt war.

Ich setzte mich und dachte über das Schicksal Kurzsichtiger nach. Ich hätte meine Kontaktlinsen mitnehmen sollen. Meine Brille steckte jetzt, gut verschlossen, in einem Kleiderschrank. Ich fühlte mich etwas verloren.

In meiner unmittelbaren Nähe brach eine lebhafte Diskussion über den Verein «AS Roma» und andere italienische Fußballmannschaften aus. Als Thema schien mir dies nicht optimal. Nach meinem Streifzug mit Maurizio hätte ich ein Gespräch über «Das Leben Berninis» unter besonderer Berücksichtigung der «Italienischen Reise von Goethe» vorgezogen. Ich versuchte mich zu entspannen, während Worte von Maurizio in mir nachhallten:

«Weißt du, genau hier, in diesem Haus, wohnte einst…»

Auf einmal streifte mich jemand mit dem Arm.

„Vielleicht kannst *du* es ihm klarmachen. Dieser Stürmer ist doch eine Niete!"

Ich versuchte zu verstehen, erwiderte etwas, was vermutlich kaum Sinn machte und sogleich vermutete jemand, dass ich ein Deutscher sei. Ich biss mir, für meinen verräterischen teutonischen Akzent, auf die Lippen.

„Du, als Deutscher, wie findest du «AS Roma»? Eine fantastische Mannschaft, nicht wahr?"

Ich nickte, sagte „Oh, ja!" und erwähnte den Namen eines mir bekannten Spielers. Es war offensichtlich, dass dies hier mehr zählte als Kenntnis über das Leben von Raffael.

„Niemand zweifelt, dass sie mit ihm einen guten Fang gemacht haben, aber, in letzter Zeit"

Ich wollte höflich sein. So tat ich, als höre ich aufmerksam zu.

„In letzter Zeit haben sie ein großes Problem."

Er legte eine Pause ein und fügte hinzu:

„Das Problem hat einen Namen: TOTTI!"

Einige lachten oder kicherten und ich wusste nicht, wie ich darauf reagieren sollte.

„Totti? War das nicht jener berühmte Spieler, der die Nummer 10 auf seinem Rücken trug? Und der spielt in Rom? Alles Gute, dachte ich.

„Dieser «Francesco Totti» ist einfach nicht mehr der große Spieler vergangener Tage! Er ist nicht mehr so kreaktiv, bekommt kaum noch überraschende Spielzüge zusammen. Am schlimmten sind seine Witze: *Was* für eine Langeweile!"

Wieder hörte man ringsum Gelächter. Nun wusste ich aber wirklich nicht mehr weiter. Sollte ich etwa gestehen, dass mir der italienische Fußball am Hut vorbeiging, oder dass TOTTI von mir aus ein Leben als Pensionär im Schrebergarten beginnen konnte? Der ganze Raum war von Dampf erfüllt. Ich sah nur vage Umrisse, während ich langsam immer ruhiger wurde. Warum sollte ich jenen Fußball-Fanatiker nicht zufriedenstellen, indem ich seinen Urteilen blind zustimmte? Vielleicht war dies der einzige Ausweg, um endlich in Ruhe gelassen zu werden?

„Ich glaube, du hast recht: Auch bei uns, in Deutschland, habe ich sagen hören, dass Totti nur noch ein Schatten dessen ist, der er einmal war. Vielleicht wäre es wirklich besser, er würde mit dem Fußball aufhören und ein neues Leben beginnen."

Nun, da es ausgesprochen war, fühlte ich mich besser. Der Dampf und die Hitze hatten mich etwas die Kontrolle verlieren lassen, aber vermutlich war es besser so. Ich hoffte zumindest, dass ich nirgendwo Anstoß erregen würde.

Meine Zweifel waren jedoch nicht begründet. Alle gaben positive Signale, sie lachten und begannen ein Lied zu singen, dessen Inhalt ich wegen vieler Dialektausdrücke nicht recht mitbekam. So leicht konnte man also Leute glücklich machen, die man zuvor nie gesehen hatte! Das Leben war schön.

Nun schien es, dass sie im Begriff waren, das Bad zu verlassen. Einer von ihnen streifte mich mit dem Arm, reichte mir eine Hand, drückte sie fest und sprach:

„Piacere!" (Angenehm!)

Alle lachten schallend und gingen hinaus. Seltsam, diese Stimme, warum sagte er: «Angenehm»?

Ich schüttelte den Kopf und versuchte, den Ausgang zu finden. Die Tür stand leicht offen. Ich dachte, es sei besser, sicherheitshalber mit ihnen das Bad zu verlassen, da ich nicht wusste, wie lange es geöffnet war. So schnappte ich mir ein Handtuch und beeilte mich.

Draußen standen sie und tranken Mineralwasser. Sie lachten. Nun war alles dampffrei und man konnte viel besser sehen. Noch ohne Brille, konnte ich doch langsam Gesichtszüge halbwegs erkennen. Einer von ihnen stellte ein Glas auf den Tisch. Es war ein sportlicher Typ und irgendwie schien er für sie der Bezugspunkt zu sein, im Mittelpunkt zu stehen. Als ich – mit aufgesetzter Brille – zurückkam, standen sie immer noch da, debattierten lebhaft und lachten.

Ich sperrte die Augen weit auf: Zunächst fielen mir seine halblangen Haare auf, wie vom Dampf geglättet und dann: Sein Gesicht, ein Gesicht, das mir auf einmal so vorkam, als habe ich es schon öfter, auch im Fernsehen gesehen, Es traf mich wie ein Schlag.

„Komm schon, Francesco, das Wasser habe ich schon bezahlt!"

STILLE TAGE IN PADUA – ODER: 14, SENKRECHT

Kapitel 1

Unvergessen bleibt mir jener Wintertag, einst in Padua, der Stadt des heiligen Antonius und einer berühmten Universität. Durch die Straßen und Bogengänge Paduas streifend, hoffte ich – fern von Deutschland – den Stress des beruflichen Alltags zu vergessen und mich zu entspannen.

Ich saß in einem gemütlichen Café, in Gedanken versunken, genoss mehrere Cappuccinos und versuchte, in das Labyrinth meiner Gedanken Ordnung zu bringen. Dabei war ich – in wettermäßig tristen Tagen – von einem Wunsch erfüllt: Meinen Lesehunger zu stillen.

Ich lauschte von der Theke herkommenden Geräuschen – dem Hin- und Herschieben von Tassen, der singsang-artigen Sprechweise der Bedienungen , dem für jene Region typischen Akzent – um mich dann wieder lange in ein Buch zu vertiefen. So saß ich da, als mir auf einmal ein Mann auffiel, der mich merkwürdig fixierte:

„Entschuldige die Neugier: Woher kommst du? Du liest hier ständig ein Buch in einer Sprache die, so scheint mir, nicht deine Muttersprache ist. "

Dabei bewegte er seinen Kopf auf eine Weise hin und her, die fast rührend war.

„Weißt du, auch ich lese viel, oh, ja, seit ich alleine lebe. Seit meine Frau verstorben ist", er seufzte bei dieser Erinnerung auf, "bleiben mir nur die Kreuzworträtsel. Aber nun, da mir niemand mehr dabei hilft…Und gerade heute gab es darin einige Fragen zu deutschen Philosophen und Dichtern."

Nun konnte ich sehen, wie jener alte, unglückliche Mann mit den Tränen kämpfte. Er tat mir leid.

„Wenn ich Ihnen helfen kann."

„ Sehr freundlich!", murmelte er und fügte hinzu:

„Leider, weißt du, in meinem Alter, die Antworten auf die Fragen des Rätsels fallen mir jetzt partout nicht mehr ein, was für ein Jammer, ich war doch fast fertig", und er begann auf seltsame Weise in sich hineinzulachen.

„Ich wohne hier in der Nähe, ganz in der Nähe. Wenn es dir nichts ausmacht, möchte ich dich einladen, in meine bescheidene Behausung. Ich würde dir auch etwas zum Trinken anbieten, ja, das würde ich. Vielleicht könntest du einmal das Kreuzworträtsel durchsehen und mir ein wenig helfen? Es gibt einen Preis zu gewinnen. Meine Rente ist gering, weißt du, daher dachte ich mir"

„Einverstanden" gab ich zurück.

Kapitel 2

Es dauerte nicht lange, und ich stand in der Wohnung jenes alten Mannes, genauer gesagt, in der Küche.

„Deutscher Dichter, schauen wir einmal: GOETHE!"

„Ich *wusste* es", rief er triumphal aus, „ich *wusste* es!", und wieder sah er mich dabei auf eine Art und Weise an, die mich langsam bestürzte.

„Mach weiter, weiter!"

Nach SCHOPENHAUER und FICHTE, nach HÖLDERLIN, SCHELLING und MÖRIKE war die Arbeit endlich getan. Ich hatte vor, ihn wieder zu verlassen, zumal sein Gesichtsausdruck – nach jeder erfolgreichen Lösung einer Rätselfrage – nur düsterer zu werden schien.

„Nein, nein, nein, nein!", protestierte er gestenreich und lautstark, als ich mich verabschieden wollte.

„*Noch* nicht", und er legte mir, mit unvermuteter Entschiedenheit, eine Hand auf die Schulter.

„Du bist Deutscher, DEUTSCHER, nicht wahr?!?", und er dirigierte mich resolut gegen eine Tür.

„Das musst du sehen, das *musst* du wirklich sehen, oh, ja."

Er öffnete eine Tür.

„Hast du auf *dieses* Rätsel auch eine Antwort? Unerwartete Art zu sterben: 14, senkrecht: STRANGOLAMENTO! Auf Deutsch, das habe ich nachgesehen: ERWÜRGEN!"

Er lachte schrill, auf beängstigende Weise. Die Szene, die sich meinen Augen bot, erfüllte mich mit unsagbarem Grauen: Vor einem Tisch saß, gebeugt, ein junger Mann, mit Augen, die weit aufgerissen waren, als hätten sie eben noch etwas Schreckliches gesehen.

„Er war auch so ein Tourist, der mir mit den Kreuzworträtseln helfen wollte, aber er wusste einfach nichts: Kannst du dir das vorstellen? Rein *gar nichts!*"

Es gelang mir, die Flucht zu ergreifen und die Polizei zu verständigen, die in relativ kurzer Zeit die schmalen Treppen hochstürmte, die zu seiner Wohnung führten.

Ich stand, wie gebannt, in Nähe der Eingangstür und hörte ihn noch schreien:

„14 senkrecht: Strangolamento, Erwürgen! Ich musste jenen Unglücklichen korrigieren, diese Strafe hatte er sich verdient, oh ja: *Warum* wusste er nichts?!"

SCHWERHÖRIG?

Kapitel 1

Tobias Taubert, den eine große und hinter Glas eingerahmte Urkunde an der Wand als «Hörakustikmeister» auswies, gähnte.

Er saß im Eingangsbereich eines in der Stadtmitte gelegenen Fachgeschäftes und sah, mit Blick auf die Uhr, dem langsam herannahenden Wochenende gelassen-gelangweilt entgegen. Er gähnte noch einmal, als ihm ein Klingelgeräusch an der Tür signalisierte, dass ein Kunde im Begriff war, den Laden zu betreten. Tobias Taubert hielt sich schnell eine Hand vor den Mund, brachte sich in Positur und blickte geradeaus. Ein älterer Herr war mit einem Bein ins Geschäft vorgedrungen. Er schüttelte seinen Regenschirm, schloss ihn und kam nun endgültig herein. Tobias erhob sich, setzte ein in vielen Jahren gut eingeübtes Lächeln auf, das er insgeheim «geschäftsmäßig» nannte und begleitete dies reflexartig mit „Schönen guten Tag!"

„*Schönen* Tag? Dieses grauenhafte Regenwetter nennen Sie schön?!"

Der Hörakustikmeister, dessen auf der Urkunde aufgeführtes Geburtsdatum erkennen ließ, dass sein 37. Geburtstag nahte, fühlte sich auf dem falschen Fuß erwischt. Er konnte sich nicht erinnern, diesen Mann schon einmal im Laden gesehen zu haben.

«Wird wohl dieser Herr Moosbacher sein, der vorhin angerufen hat, ja, von der Stimme her, ein Neukunde.»

„Nun, auf das Wetter habe ich, haben wir, leider keinen Einfluss."

Er ärgerte sich ein wenig, dass ihm nichts Besseres eingefallen war.

Der Mann lehnte seinen nassen Schirm gegen einen Sessel und gab ein lautstarkes „Ha!" von sich.

„Dass Sie keinen Einfluss auf das Wetter haben, brauchen Sie nicht eigens zu betonen, das versteht sich von selbst."

Dem Fachmann für Gehörgänge und Hörgeräte blieb der Mund offen. Er schloss ihn wieder, war irritiert und tat so, als habe er nichts gehört. Dann warf er einen Blick in den

Terminkalender. Während der Kunde langsam näher kam, räusperte sich Tobias und sprach:

„Lassen Sie mich sehen, Sie sind, hier haben wir es, Herr Moosbacher. Sie hatten vorhin angerufen. Es geht um einen Hörtest, nicht wahr? Sie sagten, Sie sind schwerhörig?"

Der Unbekannte sprach nun deutlich lauter:
„MOOSBACHER? HÖRTEST? SCHWERHÖRIG? *Sie* gefallen mir! Seit wann habe ich vorhin bei Ihnen angerufen? Ich sehe schon, Sie sind wetterfühlig und haben deshalb etwas durcheinandergebracht. Mein Name ist SCHALLERT! Das hatte ich Ihrer Auszubildenden doch gesagt! Hat sie nichts notiert? Die würde ich gleich fristlos entlassen, wenn Sie mich fragen."

Dem Meister der Hörakustik entrang sich ein „Oh!", das etwas verloren klang und bald durch „Da muss ich etwas verwechselt haben" ergänzt wurde. Ein fragender Blick in dunkle, von dichten Augenbrauen überwölbte, eigentümlich starr fokussierende Augen, der ältere Herr schwieg. Tobias nahm einen neuen Anlauf.

„Waren Sie schon einmal bei uns? Haben Sie bereits ein Hörgerät und möchten es reinigen lassen? Oder was führt Sie zu uns?"

„Führt? Mich führt niemand. Wie Sie sehen, bin ich uneingeschränkt g e h f ä h i g. Und wenn Sie etwas genauer hingesehen hätten, wäre Ihnen nicht entgangen, dass ich kein Hörgerät trage. Meinen Sie vielleicht, ich habe es in meiner Manteltasche vergraben? Schwerhörig? ICH? Ha!"

Er knöpfte seinen durchnässten Mantel auf, zog ihn aus und warf ihn über den nächsten Stuhl.

„Schwerhörig? Schön wäre es!"

Tobias verstand nun gar nichts mehr. Sollte er es mit einem geistig verwirrten Mann zu tun haben? Was war in einem solchen Fall zu tun? Die Auszubildende war wegen angeblicher oder tatsächlicher «Unpässlichkeit» vorzeitig nach Hause gegangen. Ein Kollege, den er manchmal schnell zu Rate zog, wenn er nicht mehr weiterwusste, war noch im Außendienst, der andere in Urlaub.

„Äh, ich verstehe nicht ganz"

Er kam nicht dazu, den Satz zu Ende zu führen.

„Ich erkläre es Ihnen, sonst stehe ich hier noch heute Abend: Wenn ich *schwerhörig* wäre: *Damit* könnte ich leben. Mein Fall ist ganz anders."

Er ließ eine Kunstpause eintreten und fügte hinzu:

„Ich höre nicht *zu schlecht*, sondern *zu gut*. Ich bin nicht *schwer*hörig, sondern *leicht*hörig. Ich brauche kein *Hör-*, sondern ein *Nichthör*gerät."

Tobias schluckte.

„Sie sind, Sie sind «leichthörig», sagten Sie? Also, wenn Sie in Ihrem Alter sehr gut hören, dann"

„Was heißt hier *in Ihrem Alter*? Sie wissen ja gar nicht, wie alt ich bin!"

Der Mann hatte ihn plötzlich angefaucht, seinen Spazierstock fest umgriffen und erhoben. Der Hörakustikmeister machte eine beschwichtigende Geste.

„So war das nicht gemeint, ich meinte nur"

Eine schneidende Stimme unterbrach ihn:

„Wenn Sie es nicht meinen, warum sagen Sie es dann? *Wer* sind Sie überhaupt? Welcher von den dreien?"

Er zeigte mit der messingbeschlagenen Spitze seines Spazierstockes resolut an die Wand, zu den Urkunden von drei Meistern ihres Faches.

„Mein Name ist Taubert, Tobias Taubert, ich dachte, ich hätte vorhin meinen Namen genannt."

Das geschäftsmäßige Lächeln wollte nicht recht gelingen. Der ältere Herr warf den Kopf in den Nacken, schloss kurz die Augen und lachte aus rauer Kehle:

„TAUBert, das passt! Wie sagten doch die alten Römer so treffend: Nomen est omen! Sie hatten doch in der Schule Latein?"

„Nein, leider nicht."

„Kein Latein? Kein Wunder, dass ihnen da einige Grundlagen fehlen. Wundert mich allerdings, dass Sie ohne Latein eine Meisterurkunde bekommen haben. Also, zur Sache: Ich sagte Ihnen, dass ich extrem leichthörig bin. Was gedenken Sie zu tun? *Sie* sind doch der Fachmann fürs Gehör!"

Tobias blies die Backen auf, entließ Luft und dachte, so schnell er konnte, nach. Vielleicht kann ich ihn doch zu einem Hörtest bewegen, vielleicht will er seine Schwerhörigkeit einfach nicht wahrhaben? Andererseits macht das keinen Sinn, er verstand mich ja ohne Weiteres, was mache ich mit dem? Kann ihn ja schlecht hinauskomplimentieren.

„«Nichthörgeräte», so nannten Sie es doch? Damit können wir leider nicht dienen. Und wenn Sie so ein feines, ein so scharfes Gehör haben, wenn sie, wie Sie es nannten, so *leichthörig* sind, dann"

„Dann *was*? Immerhin haben Sie mich schon einmal richtig zitiert. Glauben Sie mir etwa nicht?"

Der Mann schnaubte und schaute ihn empört an. Dann erhob er auf einmal seinen Spazierstock und spähte nach links zu einer Tür, auf der TESTRAUM geschrieben stand und zeigte vehement in diese Richtung.

„Hier entlang!"

Kapitel 2

Tobias kam hinter der Kundentheke hervor und ging beklommenen Gemütes voran. *Was nun?* Sie betraten den Raum. Herr Schallert deutete mit einer zackigen Bewegung seines Stockes an, dass die Tür zu schließen sei.

„Wenn Sie schon keine Nichthörgeräte haben, warum lassen Sie keine entwickeln? Glauben Sie vielleicht, dass ich der Einzige bin, der unter Leichthörigkeit leidet? Ich liefere Ihnen hier, frei Haus, die Idee für eine Innovation, eine hervorragende Geschäftsidee! Statt so ein Gesicht zu ziehen, sollten Sie mir dankbar sein!"

„Nun, ich werde mit unserem Chef darüber sprechen. Aber"

„Aber *was?*"

„Wenn Sie zu gut hören, könnten Sie doch unsere Ohrenstöpsel benutzen. Wir haben mittlerweile mehrere Sorten, in verschiedenen Farben und Größen und aus unterschiedlichem Material. Warum bin ich nicht gleich darauf gekommen?"

Herr Schallert blickte verächtlich und verzog das Gesicht.

„Ohrenstöpsel, Ohrenstöpsel! Meinen Sie, das hätte mir meine Frau nicht schon hundertmal empfohlen? Das nützt doch überhaupt nichts! Ich höre *mit* Stöpseln viel besser als die meisten Leute *ohne*. Glauben Sie, wegen ein paar Ohrenstöpseln, wäre ich den weiten Weg zu Fuß gelaufen? Bei diesem Sauwetter? Also, von einem Mann, der eine *Meister*urkunde zur Schau stellt, erwarte ich deutlich mehr."

Tobias beschlich langsam ein Gefühl, das der Platzangst verwandt sein mochte. Wie komme ich aus dieser Situation wieder heraus? Hoffentlich klingelt gleich das Telefon, dann kann ich den Raum verlassen und werde sehen, wie ich ihn loswerde. Vielleicht kommt ja mein Kollege doch noch auf einen Sprung vorbei. Dann soll der sehen, wie er mit ihm fertig wird.

Herr Schallert legte nach.

„Sie glauben ja gar nicht, wie mich Ihre laute Stimme die ganze Zeit über geplagt hat! Die reinste Tortur. Was für andere normal klingt, dröhnt mir in den Ohren wie Donnerschlag. Sie *glauben* mir nicht? Machen wir einen Test!"

Hatte Herr Schallert eben noch argwöhnisch ausgesehen, so zeigte sein Gesicht nun Züge, die darauf schließen ließen, dass er schon im Vorfeld einen Triumph auskostete. Tobias wollte etwas sagen, doch die tief klingende Stimme seines Gegenübers kam ihm zuvor:

„Ich stelle mich jetzt da drüben in die Ecke und Sie in die linke Ecke auf dieser Seite. So sind wir weit möglichst voneinander entfernt. Jetzt passen Sie auf! Wenn Sie in der Ecke stehen, zähle ich bis zehn und dann sagen Sie, oder besser, *flüstern* Sie, was Ihnen gerade in den Sinn kommt, ganz leise. Sie werden sehen, ich höre es trotzdem."

Tobias drehte sich um, verdrehte die Augen und schritt in die angezeigte Ecke des Raumes. Auch Herr Schallert hatte sich, mit festem Schritt, in die diagonal gegenüberliegende Ecke begeben. Dort stand er nun, fixierte den Hörakustiker und begann laut zu zählen. Er war gerade bis *fünf* gekommen, als er plötzlich unterbrach, seinen unweit abgestellten Spazierstock ergriff und ihn wütend erhob.

„Ich habe es *genau* gehört, Sie haben eben etwas gesagt, Sie haben geflüstert, aber ich sagte Ihnen doch, dass ich extrem gut höre! Wollen Sie einen Beweis:

«Wie werde ich diesen alten Spinner nur wieder los?» *Das* haben Sie gesagt! Leugnen Sie nicht!"

Er erschrak zutiefst und wurde bleich. Was er mehr gehaucht, als geflüstert hatte, was ihm unwillkürlich herausgerutscht war, Herr Schaller hatte es tatsächlich perfekt gehört! Tobias, im wahrsten Sinne des Wortes in die Ecke gedrängt, erhob hilflos die Hände.

„Das habe ich, habe ich nicht, würde ich niemals, das müssen Sie"

„SCHWEIG STILL!"

Die Augen von Herrn Schallert funkelten grimmig. Mit seiner rechten Hand schwang er den Stock.

„Nun sind Sie schwer beeindruckt, nicht wahr? Neuland für Sie, wie?

«Hörakustikmeister»: Dass ich nicht lache! Keine blasse Ahnung, dass es Leichthörige gibt, keine Lösung zu bieten außer HÖR-STÖPSELN! Und dann auch noch so unvorsichtig, einen möglichen Kunden als «alten Spinner» zu bezeichnen! Oh, das war gar nicht gut, das war sehr leichtsinnig von Ihnen. Wenn ich das Ihrem Chef erzähle, sind Sie geliefert. Oder sollte ich damit gleich an die Presse gehen?"

Herr Schallert fuchtelte mit dem Stock und kam langsam näher.

„Wie bleich Sie sind. Was mache ich nun mit Ihnen, Meisterlein? Sie züchtigen? Vielleicht sollte ich Ihnen noch eine Chance geben: Ich gehe nochmals in meine Ecke zurück, zähle bis zehn und Sie sagen etwas, leise. Wenn ich es nicht korrekt wiedergeben sollte – was ausgeschlossen ist – lasse ich Gnade walten. Wenn ich es höre, sind Sie dran. Schummeln geht nicht. Sie müssen es vorher auf einen Zettel schreiben."

Tobias griff zu einem Schreibblock und Kuli und notierte, gut lesbar, einen Satz. Dann flüsterte er. Es dauerte nur ein paar Sekunden und die Miene von Herrn Schallert veränderte sich eindrucksvoll. Mit sprungbereiter Empörung fauchte er aus voller Kehle:

„«Dich werfe ich gleich hochkant hinaus?»

Was erlauben Sie sich?!"

„Aber, *nein*, ich habe doch etwas ganz anderes gesagt!"

Tobias war tief erschrocken und machte instinktiv eine Abwehrgeste. Herr Schallert schritt voran, schwang bedrohlich den Stock und drückte ihn nun voll gegen die Brust des Hörakustikmeisters. Die Tür ging auf und die Auszubildende, der es wohl wieder besser ging und die überraschend zurückgekehrt war, schaute herein. Das Bild, das sich ihr bot, erstaunte sie überaus.

„Vorlesen!" zischte Herr Schallert und deutete auf den Zettel, auf den Tobias zuvor einen Satz geschrieben hatte. Während der Leichthörige immer noch seinen Stock gegen die Brust seines Gegenübers presste, blickte die hochgradig verwirrte Auszubildende, wie befohlen, auf den Zettel:

„Das kann ich nicht lesen, das Gekrakel, was heißt denn *das*?"

Die Augen der Auszubildenden gingen zwischen Herrn Schallert, Tobias Taubert und dem Zettel hin und her wie ein Scheibenwischer.

„Ich versteh grad gar nix", brachte sie, ängstlich, hervor.

Herr Schallert blickte sie aus den Augenwinkeln an, ließ seinen Stock sinken und
zischte:

„Wundert mich nicht, dass du nichts verstehst. *Was* für ein Nest von Ignoranten!"

Er schüttelte den Kopf, sah sich noch einmal
verächtlich um und schritt zügig Richtung
Ausgang.

FRANZISKUS TRIFFT FRANZISKUS

Kapitel 1

Papst Franziskus schloss die Augen, lehnte sich zurück und atmete tief durch. Eine Privataudienz – weshalb er das «Gästehaus Casa Santa Marta» verlassen und in den «Apostolischen Palast» gegangen war – lag hinter ihm. Danach hatte sein Privatsekretär ihm Dokumente vorgelegt, ihn ehrerbietig-behutsam auf Details hingewiesen und den Raum schließlich verlassen. Der Papst öffnete wieder die Augen, erhob sich und schritt zum Fenster. Ruhe, *endlich* etwas Ruhe…

Er ließ seinen Blick über den Petersplatz, die herrlichen Kolonnaden von Bernini und die Springbrunnen gleiten. Dann sah er in die Ferne, bis aus seiner Erinnerung die Gestalt eines ranghohen Geistlichen mit markanten Gesichtszügen auftauchte. Das Oberhaupt der katholischen Kirche wandte seinen Blick vom Fenster ab und schritt – in Gedanken versunken – zu seinem Schreibtisch zurück. Er setzte sich und schob eine Aktenmappe – *das kann warten!* – zur Seite. In einiger Entfernung hörte er Schritte. Sie verhallten langsam – wird mein Privatsekretär sein – als ihm der Geistliche erneut in den Sinn kam.

Hilft alles nichts, es duldet keinen Aufschub; doch wie soll ich entscheiden? Er rief sich Begegnungen mit ihm ins Gedächtnis und versuchte, dessen Stärken und Schwächen in eine Ordnung zu bringen, die ihm Hinweise zur Entscheidungsfindung geben könnte. Dann erinnerte er sich an ein Gespräch mit seinem Vorgänger, bei dem dieser sich in diskreter Weise über ihn äußerte. War jene Bemerkung nicht ein leiser Wink mit dem Zaunpfahl? Waren seine Worte – und nun erinnerte er sich auch anderer Kommentare – vielleicht ganz anders zu verstehen?

Sollte ich ihn nochmals darauf ansprechen? Papst Franziskus verwarf die Idee. Und wenn ich ihn aus seinem Amt entlasse? Nun kam ihm ein tatkräftiger Geistlicher aus Venedig in den Sinn, den er sich durchaus als Nachfolger vorstellen konnte. Andererseits erfüllte er seine derzeitige Aufgabe ganz ausgezeichnet. Ein Ersatzmann (ein schöner Ausdruck aus der Welt des geliebten Fußballs) für ihn wiederum würde so leicht nicht zu finden sein, und dann galt es noch zu berücksichtigen, dass...

Papst Franziskus führte den Gedanken nicht zu Ende, vielmehr fühlte er die schwere Last der Verantwortung für die Weltkirche:

Nachfolger des heiligen Apostels Petrus, Stellvertreter Christi: Ich, Jorge Mario Bergoglio, Sohn italienischer Emigranten. Wenn mir das jemand in meiner Jugend erzählt hätte! Vermutlich hätte ich ihn ausgelacht. Sicher, manches spricht dafür, ihn weiter im Amt zu belassen. Vielleicht braucht er einfach mehr Anerkennung. Oder würde ihm eine neue Aufgabe guttun? Energie hat er, aber diplomatisches Geschick? So oder so, der Würfel muss fallen, das Thema muss vom Tisch!

Er erinnerte sich an jenen 13. Mai, den Tag seiner Amtseinführung und seinen ersten öffentlichen Auftritt als Papst, auf der Loggia des Petersdoms: «Habemus Papam! qui sibi nomen imposuit Franciscum!»

Der heilige Franziskus von Assisi könnte etwas für mich tun, da ich doch seinen Namen trage.

„Heiliger Franziskus, komm mir doch zu Hilfe!" rief der Papst aus, während er zugleich weiter nachdachte.

Kapitel 2

Ein starker Windhauch kam auf – *ist das Fenster aufgegangen?* – der Nachfolger Petri blickte auf. Als sich, in vier, fünf Metern Entfernung, die Gestalt des Heiligen aus Umbrien langsam immer klarer zeigte, verschlug es dem Papst die Sprache. Seine Augen wurden größer. Träume ich? Er schloss die Augen, öffnete sie wieder. Noch immer stand ihm eine Person gegenüber, die unverkennbar die Gesichtszüge des heiligen Franziskus trug, ihm in Haltung und Gebärde glich, die so aussah, wie er sich den Heiligen immer vorgestellt hatte: Von Licht umflossen.

„Das kann nicht, jetzt bin ich aber, wo kommen *Sie* denn her?"

Der heilige Franziskus lächelte.

„Santo Padre, Sie haben mich doch *selbst* gerufen, vorhin. Ich zitiere:

«Heiliger Franziskus, komme mir zu Hilfe!»

Und das habe ich getan. Wie Sie wissen, habe ich ja nicht nur die Armut, sondern auch den Gehorsam geliebt. Und wenn ein *Papst* ruft, wie könnte *ich* da *nein* sagen? Schließlich habe ich ja meinen Ordensbrüdern immer ans

Herz gelegt, dem Papst zu gehorchen. Doch sagen Sie bitte nicht mehr *Sie* zu mir. Im Himmel sind wir alle per *du*. Ich war ja der Poverello.

Du ist die kleine Schwester von *Sie*, das passt besser zu mir. Ich wollte Sie aber damit natürlich nicht kritisieren. Das würde ich mir *niemals* herausnehmen."

Papst Franziskus lachte.

„Du gefällst mir! Aber dann musst *du* zu mir auch *du* sagen! *Gleiche* Bedingungen!"

„Einverstanden."

Der Papst wiegte seinen Kopf hin und her und sprach:

„Wenn ich das meinem Sekretär erzählen würde oder den Kurienkardinälen, als kleine Fußnote nach einer Ansprache…Das glaubt mir *keiner*! Aber natürlich erzähle ich nichts, es bleibt unter uns."

Auf dem Antlitz des heiligen Franziskus zeichnete sich erneut ein Lächeln ab. Der Papst schien Schritte zu hören und blickte zur Seite. Sein Besucher schüttelte den Kopf.

„Niemand hört uns, keiner wird den Raum betreten, keine Sorge. Außer dir sieht mich niemand."

„Unglaublich! Ich habe ja schon viel erlebt, aber *das* ist der Gipfel! Wie bist du überhaupt hierhergekommen, wenn ich fragen darf? Ich meine, so schnell!"

„Das ist ein Geheimnis, das man erst im anderen Leben verstehen kann."

„Dachte ich mir. Aber es ist gut, dass wir Landsleute sind, so verstehen wir uns auf Anhieb. Dein Italienisch klingt zeitgenössisch. Erstaunlich, wenn man bedenkt, wann du gelebt hast. Ein Glück, dass du kein koreanischer Heiliger bist, da wäre die Unterhaltung schon etwas schwieriger."

Der Papst lachte herzhaft und konnte es kaum glauben. *Das* war aber eine Überraschung, da hatte der HERR sich heute für ihn aber etwas ganz Besonderes ausgedacht.

„Ist ja nicht dein erster Besuch hier im Vatikan, wenn man in der Geschichte zurückblättert. Muss ein eigenartiges Gefühl sein, nach so vielen Jahrhunderten auf *diese* Weise zurückzukehren, unbemerkt an der Schweizer Garde vorbei; *die* Geschichte gefällt mir! Sie könnte fast von meinem Lieblingsautor Jorge Luis Borges stammen."

„Die Schweizer Garde habe ich gar nicht gesehen, mein Weg war viel kürzer. Aber das kann ich leider nicht erklären. Man versteht das erst im Jenseits, wenn Seele und Geist vom schwerfälligen Körper befreit sind."

„Schwerfälliger Körper, du sagst es! «In Kur gehen» würde mir und meinen alten Knochen auch guttun, aber *wann*? Ich bin ja schließlich Papst. Von der Abano Therme aus könnte ich ja unmöglich weiterregieren."

Der Papst wunderte sich, wie sehr seine Stimmung in kurzer Zeit gestiegen war. Wohin war die leichte Verdrossenheit von vorhin, wohin die Grübelei verschwunden? Hatte der «Poverello» aus Assisi, der seit vielen Jahrhunderten in der himmlischen Glorie lebte, mittlerweile auch die Fähigkeit, im Handumdrehen die Stimmung eines Menschen zu verändern?

„FRANZISKUS TRIFFT FRANZISKUS! Unbemerkt von der Weltöffentlichkeit. Hätte ich Zeit, um ein Tagebuch zu führen, würde ich deinen unverhofften Besuch vielleicht für die Nachwelt festhalten mit dem Hinweis:

«Dieses Kapitel erst nach meinem Tode öffnen.»

Ein Glück, dass du nicht zuvor meinen Privatsekretär kontaktiert hast. Der hätte erst einmal meinen Terminkalender überflogen und dich vielleicht sogar auf die Warteliste gesetzt.

Du bist mir also tatsächlich zu Hilfe gekommen und sogar noch auf für mich sichtbare Weise! *Was* für ein Geschenk! Aber, *ich* sitze die ganze Zeit bequem und *du* stehst. Ich habe ganz vergessen, dir einen Stuhl anzubieten. Aber in deinem jetzigen Zustand wirst du kaum einen brauchen, nicht wahr? Ich nehme fast an, im Himmel gibt es gar keine Stühle? Aber man soll ja nicht zu neugierig sein: Ich ziehe die Frage zurück."

Wieder überzog ein feines Lächeln die Gesichtszüge des heiligen Franziskus, als er sprach:

„Du hast recht. Ich brauche keinen Stuhl. Obwohl ich aus Höflichkeit natürlich so tun könnte, als würde ich sitzen. Für uns ist das ganz einfach. Aber ich komme gerne etwas näher. Ich habe bisher Abstand gehalten, weil ich für das Amt – und natürlich auch für die

Person – des Papstes nach wie vor einen so großen und tiefen Respekt hege."

Der heilige Franziskus verneigte sich, erhob sein Haupt wieder und fügte hinzu:

„Es hat mich und uns alle im Himmel sehr gefreut, dass du den Namen «Franziskus» gewählt hast. Natürlich nicht meinetwegen, sondern wegen deines Programms:

Du weißt ja, wie der HERR mich die Armut und die Armen lieben lehrte. Meinen schönen Namen hat mir mein Vater ja erst nach seiner Rückkehr von einer Handelsreise nach Frankreich, als Rufnamen gegeben."

„Francesco oder – auf Spanisch – Francisco – der Name klingt schön. Ich nehme doch an, dass du am liebsten in deiner Muttersprache mit mir sprichst?"

„Wenn du möchtest, kannst du auch auf Spanisch mit mir sprechen. Wir verstehen alle Sprachen."

„*Alle*? Ach!"

Papst Franziskus war unwillkürlich näher gerückt. Er zügelte eine in ihm aufsteigende Neugier und schwieg zunächst. Dann fügte er hinzu:

„Alle Sprachen, das muss man sich mal vorstellen: Da könnte ich zum Beispiel mühelos mit Kardinal Tagle – wenn er mir hier im Gästehaus mal wieder über den Weg läuft – in der Sprache seiner philippinischen Heimat, Tagalog, plaudern! Oder den «Segen Urbi et Orbi», ohne Manuskript, in allen Weltsprachen erteilen!"

Der heilige Franziskus gab zurück:

„Ich würde dich mühelos verstehen, wenn du zum Beispiel ein Ägypter wärst und auf Arabisch mit mir sprechen würdest."

„Ich, ein Ägypter! Ha! Ich sehe schon, auch im Himmel hat man Humor. Arabisch hat auch seine Reize, aber diese Kehllaute würden mich überfordern: Ich *bin* und *bleibe* Argentinier, mit starken italienischen Wurzeln."

„Ich verrate dir ein Geheimnis: Die Verständigung erfolgt über die Engel. Ihr kennt ja etwas Ähnliches: Simultan-Dolmetscher, bei Konferenzen. So in etwa kannst du dir das vorstellen."

„Von dir kann ich eine ganze Menge lernen! Am besten du bleibst da."

„Das wird leider nicht möglich sein, obwohl wir uns bestimmt gut verstehen würden. Ich kam, weil du mich gerufen hast."

„Ja, es ist mir herausgerutscht. Ich dachte natürlich nicht, dass"

„Du hast auf diese Art deinen Glauben an die Gemeinschaft der Heiligen bezeugt."

„Aber nie hätte ich gedacht, dass du mir erscheinst! Ich hatte insgeheim höchsten mit einer kleinen Eingebung gerechnet."

„Ich weiß, warum du mich gerufen hast."

Papst Franziskus sah ihn erwartungsvoll staunend an. Auf einmal bewegte sich der heilige Franziskus auf ihn zu, umarmte ihn auf spirituelle Weise und hauchte in sein Ohr. Sogleich tauchte im Geiste des Papstes ein klares Bild auf und Worte formten sich, die auf die Frage, die ihn vorhin so beschäftigte, ein helles Licht warfen. Papst Franziskus schlug sich, erstaunt, auf den Oberschenkel.

„Erstaunlich! *Das* ist es, warum bin ich nicht selbst darauf gekommen?! Die Antwort auf meine Frage! Danke dir, dank sei GOTT. Jetzt weiß ich, wie ich mich entscheiden werde. Jetzt klärt sich alles auf, die Fäden laufen zusammen. Ja, natürlich, *das* ist die Lösung, für beide Seiten. Wunderbar, *so* macht es Sinn!"

Franziskus von Assisi zog sich wieder einige Schritte zurück und lächelte zufrieden. Während der Papst bewundernd das herrliche, sich in sieben Farben brechende Licht betrachtete, das den Heiligen umfloss, sah er im Geiste schon, wie seine Entscheidung zunächst Erstaunen, bei einigen auch Verdruss hervorrufen, letztlich aber viele, gute und segensreiche Wirkungen auslösen würde. *Eine* Sorge weniger.

Kapitel 3

Und nun? Was machen wir jetzt? Du willst doch nicht etwa gleich wieder in den Himmel aufsteigen? Wenn du schon einmal da bist. Zeit hast du ja bestimmt, da du in der Ewigkeit bist.

Aber ich will dich natürlich auch nicht aufhalten. Du wirst verstehen: Gar nicht so einfach, mit einem Himmelsbewohner zu sprechen. Vermutlich kommst du ohne Terminkalender aus. Ich jedenfalls habe mein Programm für heute halbwegs absolviert. Ich wollte eigentlich nachher wieder ins Gästehaus Santa Marta gehen. Vielleicht willst du mich noch ein Stück begleiten? Du sagtest ja, dich sieht niemand."

Plötzlich öffnete sich eine Tür und sein Privatsekretär lugte hervor.

„Entschuldigen Sie, Heiliger Vater, ich dachte, Sie hätten mich gerufen. Ich meinte, Stimmen und lautes Lachen zu hören und da Sie ja vorhin allein waren. Also habe ich geklopft, bekam aber keine Antwort und war beunruhigt. Ich dachte mir, sicherheitshalber sehe ich einmal nach."

Papst Franziskus wiegelte mit einer Handbewegung ab.

„Ein schöner Zug von Ihnen, dass Sie sich um mich gesorgt haben. Es ist wahr, ich habe vorhin eine Unterhaltung geführt, aber es ist alles in Ordnung."

Sein Privatsekretär sah sich schnell, gleichsam verstohlen um und vergewisserte sich, dass der Papst allein war. Auf dem Gesicht seines Sekretärs zeichnete sich Sorge ab.

Der Papst ist allein und will ein Gespräch geführt haben? Ein Selbstgespräch? Um Himmels willen, er wird doch nicht überarbeitet sein? Er grüßte freundlich und entfernte sich.

„Seltsam: Ich sehe dich, *er* sah dich nicht, dabei hat er Augen wie ich."

„Dir wurden die Augen des Geistes geöffnet. Damit sehen wir, die wir nicht mehr mit einem Körper aus Fleisch bekleidet sind. Ebenso hörst du mich, mit den Ohren des Geistes. Käme er jetzt nochmals in den Raum, würde er mich nicht hören."

„Aber er sagte doch, er hätte Stimmen gehört?"

„Für ihn hörte es sich so an, wie wenn du mit jemand sprichst. Aber er konnte immer nur *dich* hören."

„Seltsam: «Ohren des Geistes». Ein schöner Ausdruck, sollte ich in eine Predigt einbauen. Und ich dachte, ich hätte nur die Ohren, die ich schon als Kind hatte: Dieselben Ohren, mit denen ich in Argentinien Tango-Musik genoss, tosenden Torjubel im Stadion *meiner* Fußballmannschaft, San Lorenzo, hörte, oder die in späteren Jahren die herrlichen Töne von Beethoven-Sinfonien aufnahmen. Was meinst du, gehen wir? Obwohl, was heißt hier *gehen*, ich weiß ja gar nicht, wie du dich fortbewegst."

„Wohin?"

„Du nimmst dir also noch etwas Zeit für mich, schön!"

„Wir Himmelsbewohner können uns keine *Zeit* nehmen, wir leben ja in der *Ewigkeit*, der *Zeitlosigkeit*. Ich weiß, das ist nicht leicht zu verstehen. Aber ich komme noch eine Weile mit."

„Beinahe hätte ich jetzt gesagt: Ich kenne ein Café in der Nähe und lade dich auf einen Cappuccino oder Espresso ein. Aber ich sehe schon, das ist gar nicht so einfach mit dir: Als Geist wirst du nichts trinken und dann muss man sich das mal vorstellen: Ich komme rein, bestelle «zwei Espresso» und der Barbesitzer wundert sich erst darüber, dass der Papst seine Bar betritt und dann auch noch darüber, dass ich zwei Getränke bestelle und Gespräche mit jemand führe, den man nicht sieht…Wenn er es dann weitererzählt und es am Ende in der Presse landet:

PAPST FRANZISKUS: SELBSTGESPRÄCHE IM CAFÉ – WAS IST NUR MIT IHM LOS?

Die Schlagzeilen kann ich mir lebhaft vorstellen."

„Die Einladung hätte ich gerne angenommen. Wir können zwar – um uns eurer Fassungskraft anzupassen – so erscheinen, als ob wir einen Körper hätten, aber wir haben ja keinen, jedenfalls keinen physischen. Den Espresso müsste ich tatsächlich stehenlassen und die Unterhaltung würde Aufsehen erregen. Im Gästehaus Santa Marta gibt es ja sicher einen ruhigen Raum oder eine Dachterrasse. Dahin wolltest du doch gehen."

„Lass mich nachdenken. Gute Idee! Komm."

Kapitel 4

Der Papst gab ihm ein Zeichen mit der Hand, öffnete die Tür und ging ihm voraus.

Auf dem Weg zum Gästehaus grüßte der Papst einen alten Prälaten und vereinzelte Personen, die ihm über den Weg liefen und nahm den Faden seines Gespräches mit dem heiligen Franziskus wieder auf. Er führte gerade einen Satz zu Ende, als er bemerkte, dass der Prälat zurückgekehrt war und sich nun sichtlich darüber wunderte, dass der Papst ins Leere sprach. Papst Franziskus wandte sich ihm mit fragendem Gesichtsausdruck zu. Der Prälat kam näher und tuschelte ihm etwas ins Ohr. Der Papst nickte freundlich, ein fester Händedruck und der Geistliche entfernte sich wieder. Der heilige Franziskus sah ihm freundlich nach.

„Schön, dass du die meiste Zeit im Gästehaus wohnst, das ist ganz in meinem Sinn."

„Ja, in der Tat, die Idee kam mir, als ich über das Leben unseres Herrn und deine besondere Nachfolge nachdachte. Ich fühle mich wohl dort, und manchmal kann ich wahrlich nicht verhindern, dass mir ein kleiner Schalk in den Nacken kriecht. Es ist schon amüsant, den Gesichtsausdruck von Leuten zu sehen, die in den Fahrstuhl steigen, und auf einmal steht der Papst in der Ecke und fährt mit. Einigen bleibt der Mund offen, und ich fühlte mich einmal versucht zu sagen: «Tür zu, es zieht!»

Eine ältere Dame brachte bei der Gelegenheit nur ein «Oh!» heraus und ich hätte beinahe mit «Ah!» geantwortet. Irgendwie muss man ja versuchen, die Spannung und Befangenheit mancher Leute zu lösen. Dabei ist es doch ganz natürlich und normal, dass der Nachfolger Petri in eine Aufzugskabine steigt. Soll ich – in meinem Alter – etwa anfangen, Treppensteigen als Sport zu betreiben? Nein, das kommt gar nicht in Frage. Komm, wir sind gleich da.“

Sie überquerten die Straße.

„Ich bin noch nie Aufzug gefahren“, bemerkte der Heilige aus Umbrien. Der Papst sah ihn wohlwollend an.

„So ein Fahrstuhl, das ist schon eine großartige Erfindung. In Buenos Aires, in meiner Jugend, bin ich einmal mit Freunden in eines der großen alten Hotels gegangen und mit dem Fahrstuhl rauf- und runtergefahren, ohne müde zu werden. Erstaunlich: Man drückt auf den Knopf - *los geht's!* - und er hält *genau* da an, wo man hinwill. Wenn *alles* so einfach wäre."

Der Papst verhielt seinen Schritt.

„Wenn du magst, kannst du ja nachher mitfahren. Einmal im Leben sollte jeder mit dem Aufzug gefahren sein."

Der heilige Franziskus sah ihn freundlich an und deutete Zustimmung an.

In der großen Eingangshalle des Gästehauses angekommen, grüßte der Papst nach allen Seiten. Er blieb kurz stehen, um mit einem Ordensmann ein paar Worte zu wechseln. Dann gab er, mit energisch ausgreifenden Schritten, die Richtung vor.

„Da vorne, *das* ist ein Aufzug."

Der Ordensmann, der zur Rezeption zurückgekehrt war, hatte den Papst passiert und wunderte sich nun über dessen Worte.

Das ist ein Aufzug? Seltsam, das weiß doch jeder.

Der Aufzug war unten angekommen. Papst Franziskus machte eine einladende Handbewegung, Franziskus von Assisi folgte ihm. Der Papst betrat den Fahrstuhl, sein Begleiter schwebte hinein, ein Druck auf ein mit «3» beschriftetes Tastenfeld und schon setzte sich der Fahrstuhl in Bewegung.

„Erstaunlich: Ein mechanischer Lastesel, der auf Knopfdruck reagiert und einem die Mühe des Aufstiegs abnimmt. Auch ein Dienst, wenn man es so sieht."

Der Papst nickte.

„Ja, so ist es. Man könnte jetzt auch sagen, ganz schön bequem. Aber manchmal muss man sich das Leben auch leichter machen, um Kraft für wichtige Aufgaben zu sparen."

Der Fahrstuhl hielt an, eine junge Ordensfrau stieg ein. Als der Papst auf einmal vor ihr stand, hielt sie sich unwillkürlich eine Hand vor den Mund. Papst Franziskus streckte eine Hand aus – „Ich bin nur Franziskus, der Papst, angenehm!" – und lächelte sie freundlich an.

Die Ordensfrau nannte ihren Namen, verhaspelte sich dabei und wusste kaum, wohin sie während der kurzen Fahrt blicken sollte.

Nun waren sie auch schon im fünften Stock angekommen und stiegen aus.

„Wie hätte sie erst reagiert, wenn sie gewusst hätte, *wer* mitfährt?" scherzte der Papst und ging voraus.

„Von hier oben hat man eine herrliche Aussicht! Aber *wem* sage ich das? Du bist ja an ganz andere Ausblicke gewöhnt."

Die Aura des heiligen Franziskus leuchtete schöner als je zuvor. Den Papst überkam eine leichte Woge der Melancholie, fühlte er doch insgeheim, dass diese einzigartige und unwiederholbare Begegnung bald ein Ende nehmen würde.

„*Eine* Frage habe ich noch. Sie beschäftigt mich schon eine ganze Weile."

Der Papst trat näher und flüsterte seinem Begleiter etwas zu. Dieser hörte ihn aufmerksam an und sprach:

„Oh, ja, das ist gut! Folge diesem Impuls."

Dann sah er seinem Gesprächspartner ins Gesicht und fügte hinzu:

„Die Zeit, die ich mit dir verbringen durfte, läuft langsam ab. Ich werde dich jetzt bald verlassen, aber nur scheinbar, denn im Geiste bin ich immer bei dir."

„Und wenn ich dich wieder rufe, so wie heute?"

„Dann werde ich bestimmt kommen, aber unsichtbar."

„Ich hätte dich ja gerne noch zu einer Tasse Mate Tee eingeladen, aber das ist ja nicht möglich."

Der Heilige lächelte sanft und sprach:

„Der Wille zählt. Gleich werde ich deinen Augen entschwinden. Wir werden uns eines Tages wiedersehen, im Himmel."

Der Papst trat etwas näher. Er wollte eine Frage formulieren, doch wies er die leichte Neugier, die unwillkürlich in ihm aufgestiegen war, gleich wieder resolut in die Schranken.

„Danke für deinen Besuch und deine Hilfe."

Der heilige Franziskus erhob seine Hand und entschwand langsam seinen Blicken. Der Papst schaute ihm gerührt nach. Er atmete einmal tief durch und seufzte kurz auf. Dann ging er festen Schrittes in Richtung seines kleinen Appartements.

Vielleicht sollte ich mir doch eine kleine Ikone des Heiligen Franziskus an die Wand hängen. Da muss ich mal an der Rezeption fragen. Die werden bestimmt einen Hammer und Nagel auftreiben können. Ja, ich glaube, das mache ich!

Über den Autor

Paul Baldauf, Buchautor und Übersetzer (Englisch, Italienisch, , Französisch, Spanisch, Portugiesisch > Deutsch), lebt und arbeitet in Speyer am Rhein. Neben Büchern veröffentlichte er auch in Zeitungen, Kultur-, Freizeit- und Sprach-Magazinen, Anthologien und Rundfunksendern (auch in spanischer Sprache).

In italienischer Sprache war er 3 x Preisträger bei Schreibwettbewerben des italienischen Kulturmagazins Onde. Er schreibt Romane, Erzählungen, Reiseliteratur, Kurzgeschichten und Gedichte, veröffentlichte zahlreiche e-Books (in drei Sprachen) und ist Mitglied im Verband deutscher Schriftstellerinnen und Schriftsteller. Weitere Informationen unter: www.autor-paul-baldauf.de

Cover: Havanna, Am Malecón.

Bildquelle:
https://www.piqsels.com/es/public-domain-photo-jmwck

Unverändert, (license free for personal and commercial use).

Zeitfracht Medien GmbH
Ferdinand-Jühlke-Straße 7
99095 Erfurt, Deutschland
produktsicherheit@kolibri360.de